MA MEILLEURE VIE

Plan pour mettre fin à la dérive
pour un nouveau départ audacieux

DEBRA KONMENI

Table des matières

MA MEILLEURE VIE	4
A. Les trois types de personnalité	9
1. Le séducteur	9
2. Le fonceur	10
3. L'amoureux	12
B. Les sept domaines de notre vie	14
1. La santé	15
2. La famille et les amis	16
3. L'amour	18
4. La mission de vie	18
5. Les finances	19
6. Les loisirs	19
C. Évaluation	21
1. La santé	21
2. La famille et les amis	23
3. L'amour	24
4. La mission de vie	26
5. Les finances	28
6. Les loisirs	30
7. La spiritualité	32
D. Définir qui vous êtes réellement	37

LE TABLEAU DE LA CLARTÉ	39
UNE CHOSE POUR LAQUELLE IL VAUT LA PEINE DE SE BATTRE	45
E. Les six thèmes d'identité	48
1. Être digne	48
2. Être prêt	49
3. Être capable	50
4. Être ouvert	50
5. Être persistant	51
6. Être un modèle	52
CONCLUSION	57

MA MEILLEURE VIE

Par Debra Konmeni

Vous connaissez-vous suffisamment pour choisir un parcours de vie qui correspond à vos capacités et qui s'harmonise à vos attentes et objectifs ? À travers ce guide unique, découvrez qui vous êtes véritablement et identifiez les aspects sur lesquels vous devrez vous concentrer dans le but d'améliorer votre qualité de vie et devenir la meilleure version de vous-même.

Qui sommes-nous ?

Depuis mon jeune âge, je me pose cette question : Nous, êtres humains, qui sommes-nous en réalité ? Cet aspect de ma curiosité m'a poussée à effectuer des études en sociologie. Je tenais à comprendre pourquoi on fait ceci ou cela, et pour quelle raison chacun est unique. Passionnée par l'humain mais quelque peu blasée par la sociologie, j'ai poursuivi mes études dans ce que je peux appeler le « centre-ville » de la vie humaine, soit en ressources humaines. Il y avait beaucoup plus d'action et davantage de réactions en ce qui a trait à la compréhension du comportement humain.

Qui sommes-nous ? Toujours guidée par ce questionnement, quelques années plus tard, j'occupais un poste de recrutrice. Mon premier entretien d'embauche de la journée avait eu lieu à 9 h.

- Parlez-moi de vous.
- Vous parler de moi... Que voulez-vous savoir exactement ? Je veux dire, pourriez-vous préciser votre question ?
- D'accord. Décrivez-moi vos expériences de travail.
- Je possède sept ans d'expérience en administration. J'ai commencé ma carrière en tant qu'assistante administrative. Maintenant, je souhaite être coordonnatrice.

- Bien. Maintenant, parlez-moi de vous.
- De moi... De mon expérience, vous voulez dire ?
- Non, fis-je en souriant, de vous !

Je trouvais toujours amusant de constater la réaction des gens qui n'ont aucune idée de qui ils sont réellement.

- On dit que je suis une personne aimable, travaillante et assidue. J'ai d'ailleurs plusieurs lettres de recommandation de mes anciens employeurs.
- Et vous, que pouvez-vous me dire de vous ?
- Eh bien, je travaille très fort pour m'assurer de toujours accomplir

mes tâches selon les échéances. Je suis ponctuelle et assidue.
- Je vois…

Après une vingtaine de minutes à discuter, j'ai laissé la candidate repartir avec le sourire aux lèvres. Judy, la coordonnatrice, s'empressa de venir me voir.

- Est-ce que c'est la bonne ?
- … Non, lui répondis-je en faisant un signe de la tête.
- Barbara c'est la onzième !
- Peut-être que la douzième sera la bonne.
- Mais que recherches-tu exactement ?
- Quelqu'un qui a une idée de qui il est. Toi, Judy, te souviens-tu à quel point tu étais stressée lors de notre première rencontre ?
- Oh que oui ! Mais je m'en suis bien sortie, non ?
- Pendant l'entrevue, tu m'as demandé un verre d'eau. Et quand je suis allée le chercher, je t'ai entendu répéter : « Je prends ce qui m'appartient, je ne suis pas intimidée car je sais qui je suis. » Quand je suis revenue dans la salle, même si tu avais à peine touché au verre d'eau, tu avais repris le contrôle parce que tu savais qui tu es. C'est ce que je recherche : une personne qui sait qui elle est.
- *Oh baby, I'm one of a kind…*
- *We all are. It's just that certain people don't know it yet.*
- À toi de leur apprendre, exprima Judy dans un éclat de rire.

Cette idée me resta dans la tête : « Apprends-leur. » J'ai passé des nuits blanches à méditer sur cette réflexion. « Pourquoi pas ? » me dis-je.

5 ans plutôt j'étais complètement une autre personne, l'insécurité et la peur avait pris gouvernance de ma vie. J'étais le résultat de la volonté de tout le monde sauf la mienne, je dépendais des regards des autres, me nourrissait de leur compliment, ma vie tournait autour de comment le monde me voie.

Cette dépendance des autres avait commencé depuis mon enfance, dès le premier jour de ma naissance j'étais déjà comparer avec une merveilleuse créature ma sœur jumelles. Je me sentais toujours comme si j'étais poser sur une balance et de l'autre cote de la balance se trouvait ma sœur jumelle, dépendamment du regard la balance pouvais soit peser a ma faveur soit contre moi, j'avais l'impression de ne jamais être assez.

Ce sentiment « Je ne suis pas assez » est resté avec moi à l'adolescence, j'avais développé une insécurité pathétique, Le cote gauche de mon cerveau m'avait bien convaincu que dévoiler ma vrai identité serais la chose la plus terrible que je pouvais faire alors Je voulais bien être tout sauf moi-même.

Je devais ressembler aux filles de Elle magazine, faire ce qui était cool même si je n'aimais, exposer mon corps pour attirer l'attention, dire ce qui serait approuver par tous et ne jamais dévoiler ma vérité.

Avec du recul je me rends compte que de manière inconsciente j'étais en guerre contre moi-même.

Un dimanche matin à neuf heure, je me regardais attentivement dans le miroir de ma chambre, je vis une autre Barbara dans le miroir, j'avais le sentiment de la connaitre, on dirait qu'elle était emprisonné et supplier d'être libérer.

Je la trouvais parfaite, tout en elle était parfait. Elle avait rien à voir avec ce que les gens trouve bien au mal, grosse ou mince, belle ou laide, elle était juste parfait, unique en son genre, parfait, elle ne voulait pas et ne devais pas être conforme à la volonté du ''monde'', elle était vraiment parfaite.

Je savais que je devais prendre une décision, soit devenir moi ou rester ce que le monde veut que je suis. « Je choisi Moi » m'exclamais-je très haut soudainement.

Cela fut le commencement de ma plus grande aventure 'Découvrir qui je suis'.

A. Les trois types de personnalité

Quelques jours plus tard, après ma conversation avec Judy, j'ai procédé à la synthèse de toutes les entrevues que j'avais passées. J'ai relu les questions et les réponses des candidats. Deux points sont ressortis :

1. La plupart des gens mentionnent ce que les autres disent d'eux. Je les appellerai les « séducteurs ».

2. Les gens de l'autre catégorie indiquent leurs accomplissements. Je les nommerai les « fonceurs ».

Entre ces deux personnalités, je vous suggère de penser dans quelle catégorie vous vous situez. Êtes-vous un séducteur ou un fonceur ?

1. Le séducteur

J'appelle séducteur celui qui veut plaire à tout le monde. Ne pas être aimé est son cauchemar. Il s'agit de la personne la plus agréable et la plus utile que vous connaissiez. Vous pouvez toujours compter sur elle pour obtenir une faveur. En fait, ce type de personne passe son temps à rendre des services aux autres. Il est toujours présent pour ses amis et sa famille. Vous pensez en premier à cette personne pour vous rendre service. Tout cela est très bien. Cependant, malheureusement, le séducteur souffre beaucoup étant donné qu'il ne sait pas imposer ses limites.

Si vous êtes incapable de prendre seul des décisions, si vous avez toujours besoin d'obtenir l'opinion des autres pour avancer, il y a de fortes chances que vous soyez un séducteur. Ne vous en faites pas; vous n'êtes pas le seul dans cette situation. De nombreuses personnes se situent dans cette catégorie. La raison pour laquelle on veut plaire à tout le monde et qu'on cherche l'approbation des autres, c'est qu'on ignore qui nous sommes.

2. Le fonceur

Le fonceur est motivé par la performance. Il est très compétitif. Il est prêt à écraser tout individu qui se place sur son chemin afin d'atteindre ses objectifs. En fait, il considère sa réussite comme une manière de s'approuver. Il ne se définit pas selon ce que les autres pensent, mais par ce qu'il accomplit. Ce type de personne parle toujours de ses accomplissements et de ses objectifs futurs.

Le rythme de vie de ces gens est basé sur l'atteinte d'objectifs. Ils veulent à tout prix réussir. Les objectifs se succèdent. Toutefois, cela ne les rend jamais satisfaits. Ils se comparent fréquemment aux autres et veulent tout faire pour obtenir des biens matériels similaires.

Les fonceurs sont souvent de nature jalouse et arrogante. Ils associent le bonheur à ce qui est matériel, et ne retirent jamais de satisfaction.

La problématique reliée à ces deux catégories de personnes, c'est qu'on s'identifie selon le regard des autres ou en fonction de ce qu'on accomplit. On ne sera toutefois jamais satisfait car rien de cela ne repose sur des bases stables.

Ma fille me dit souvent qu'elle veut tout le temps rester avec maman. D'autres fois, elle me fait comprendre qu'elle souhaiterait plutôt la présence de son papa. Si je me considérais d'après le regard que me porte ma fille, je serais une personne très instable.

À certaines occasions, au travail, je suis super innovatrice et je ne peux pas constamment trouver des solutions. Cela ne signifie pas pour autant que je sois incompétente.

Il est impossible de plaire à tout le monde, et on ne peut certainement pas tout réussir. C'est ainsi. Alors le mieux pour soi est de se connaître, de savoir qui nous sommes, ce qu'on veut vraiment et quelle direction nous souhaitons prendre. Il est essentiel de reconnaître ses propres valeurs afin d'établir ses limites et d'identifier ses qualités pour s'épanouir. Bref, il faut se connaître pour être en mesure d'exister pleinement.

Dans ce chapitre, je vous révélerai les sept principaux domaines de la vie au gré desquels nous jonglons constamment. J'aborderai la manière dont vous pourrez améliorer chacun de ces domaines pour atteindre un équilibre général et la transformation menant à la vie que vous désirez.

Cette section sera suivie d'une évaluation dans le cadre de laquelle je vous inviterai à être honnête avec vous-même. Vous devrez évaluer chaque zone de votre vie et déterminer où commencer en vue de planifier la prochaine étape que vous franchirez.

3. L'amoureux

Maintenant que vous avez compris les deux groupes auxquels la majorité des gens peuvent s'identifier, je souhaite vous présenter un troisième groupe, celui auquel appartiennent les gens les plus heureux. Ces personnes sont souvent très confiantes, aiment réussir sans toutefois blesser, et leur but est d'être une lumière qui brille dans le monde. Elles désirent avant tout être la meilleure version possible d'elles-mêmes.

Il s'agit de l'amoureux. Ce type de personne est amoureux de lui-même mais pas de manière narcissique ni mégalomane. Il comprend l'importance de se connaître et de s'aimer dans le but de mieux apprécier les autres. Il ne vit pas en constante compétition, mais croit plutôt que le monde est suffisamment grand pour tous. L'amoureux aime aider les autres tout en faisant respecter ses limites. Il apprécie atteindre ses buts sans toutefois nuire à son prochain. Les leaders les plus influents de la terre furent des amoureux : Jésus, Gandhi, Martin Luther King, mère Teresa, et plusieurs autres.

Gandhi a dit : *Ma vie est mon message.*

Je crois que notre vie à tous est notre message. Mais comment transmettre ce message si on ne se connaît pas ? De quelle manière vivre notre existence dans l'ignorance ? Et vous, connaissez-vous qui vous êtes réellement ?

À travers ce guide, j'ai l'intention de vous aider à vous connaître véritablement. Vous pourrez vous faire une meilleure idée des obstacles et blocages présents dans votre vie afin de vivre pleinement. Vous pourrez même vous fixer des objectifs pour vivre dans la concrétisation de votre message en ce monde. Souvenez-vous : « Ta vie est ton message. »

B. Les sept domaines de notre vie

Sept domaines reflètent la perception que vous avez de votre vie. Il est temps pour vous d'évaluer ces principaux domaines. Cela nécessitera courage et honnêteté envers vous-même. Posez-vous des questions telles que : Comment je m'en sors dans ce domaine, bien ou plutôt mal ? Car nous savons que notre vie manque parfois d'équilibre. On se concentre souvent davantage sur un seul domaine et on fait moins attention aux autres. Il peut s'agir de notre mission de vie, de notre carrière, ou on peut même être submergé par la famille et les enfants. Cela fait en sorte qu'on finit par s'oublier, au point de ne plus accorder une place à nos loisirs. Par ailleurs, on est parfois tellement occupé qu'on ne prend plus le temps de cultiver l'intimité avec notre partenaire, ou même de se connecter spirituellement. Résultat : on ne se sent plus présent, on ne se sent pas épanoui et on est déconnecté.

Je crois qu'en vous aidant à cibler les principaux domaines et à les évaluer de manière honnête, tout deviendra plus clair. Vous saurez ainsi sur quels aspects vous concentrer. Vous serez en mesure de prendre un véritable élan vers la transformation de votre vie. Voici donc les instructions. Vous trouverez ci-après un tableau visuel qui vous aidera à mieux saisir. Éventuellement, vous pourrez vous dire : « Oui, je sais où je suis et je sais où je vais. » Au terme de ce livre, ce qui fera la plus grande différence pour vous, ce sera le fait que vous saurez qui vous êtes vraiment et où vous aurez l'intention de concentrer votre énergie pour porter votre vie à

un niveau supérieur. Dans l'un de ces sept domaines, vous trouverez l'étape essentielle à franchir. Encore une fois, je vous suggère de procéder à cette évaluation avec une intention honnête dans le but de vous améliorer.

1. La santé

Avec le temps, j'ai compris que la santé est le domaine qui libère et facilite tous les autres domaines. Une bonne santé regroupe le bien-être physique et mental. Plusieurs études démontrent qu'être en santé augmente significativement l'estime de soi. Il est aussi reconnu que les gens qui s'adonnent à l'activité physique ont une meilleure humeur et sont plus heureux. Pour moi, ce fut le domaine le plus contraignant de ma vie, considérant que j'ai très tôt développé des problèmes de dos en raison de ma mauvaise posture. J'ai également eu des problèmes de dents qui m'ont coûté très cher à cause de mon insouciance. De plus, j'ai éprouvé des problèmes d'anémie et d'hypoglycémie dus à des carences alimentaires, des problèmes de fatigue chronique suite à la négligence de ma santé mentale, une mauvaise gestion de stress, un manque d'activité physique, etc.

Un jour, lors de la première visite de ma fille chez le dentiste, on s'est aperçus qu'elle avait des caries. Ce jour-là, tout a basculé dans ma tête. Je m'étais pourtant juré de ne pas faire passer ma fille par les mêmes chemins de douleurs que j'avais moi-même eu à traverser. J'ai dès lors appris une grande leçon : je ne peux pas donner ce que je n'ai pas, ni enseigner ce que je ne connais pas. À partir de ce moment, je me suis promis de reprendre le contrôle de ma santé, d'apprendre le plus possible et de modifier mes habitudes de vie afin de devenir un modèle sain en tant que mère.

En ce qui vous concerne, il n'est évidemment pas nécessaire de passer par ces étapes ardues avant de prendre votre santé en main. Vous avez la chance de vous évaluer honnêtement et de vous fixer trois objectifs spécifiques. Commencez par faire de petits pas. Soyez honnête envers vous-même.

2. La famille et les amis

Cette section représente la présence des autres dans votre vie (enfants, famille, amis). Je vous demande de porter un regard sur les relations que vous entretenez avec les autres. Comment cela se passe-t-il ? Ressentez- vous de la joie ou de la frustration ? On dit que l'on est la somme des trois personnes les plus proches de nous. Ces gens correspondent-ils au type de personne que vous voulez avoir autour de vous, ou êtes-vous plutôt du genre solitaire ?

Dans la Bible, l'un de mes livres préférés, il est écrit : « Il n'est pas bon que l'homme soit seul[1]. » On peut également y lire : « Les projets échouent, faute d'une assemblée qui délibère, mais ils réussissent quand il y a de nombreux conseillers.[2] Le but est que vous réalisiez l'importance de vous entourer de personnes qui vous procurent des relations saines, et même de les améliorer au besoin.

Je viens d'une grande famille. Mes frères et mes sœurs sont tellement soudés que je trouve en eux de l'amitié. Récemment, lorsque je me suis réévaluée, j'ai constaté qu'il s'agit d'un domaine que je tiens souvent pour acquis. Par conséquent, je me suis fixé de nouveaux objectifs afin d'améliorer cet aspect.

---

[1] Genèse 2:18 LSG.
[2] Verset 15:22 de la Bible.

3. L'amour

Hum, l'amour constitue un aspect délicat... Pour ma part, en tout cas. Si vous êtes en relation, il s'agit de votre partenaire. Sinon, cela peut être une personne qui occupe une place spéciale dans votre cœur, ou encore l'amour que vous donnez aux autres. Ressentez-vous toujours cette intense connexion émanant de votre cœur pour quelqu'un ? En ce qui me concerne, cet aspect est particulièrement sentimental. Je me sens comblée par la relation que j'entretiens avec mon partenaire. Notre harmonie est essentielle pour moi car elle représente un élan de joie en synergie avec mon existence. Quand vous êtes en amour, une puissante énergie flotte au-dessus de votre tête et vous permet de tout voir de façon claire. C'est pour cela que je trouve important de toujours être en amour, surtout en amour avec soi. Si vous êtes actuellement en couple, comment vous sentez-vous : énergique ou contrarié ? Je vous propose de faire quelque chose de nouveau pour vous rapprocher encore plus.

4. La mission de vie

Pour certains, leur mission de vie est orientée sur la cause qui leur tient à cœur, leur communauté. Pour d'autres, c'est leur travail ou leur art, ou encore leur famille. Ce que vous considérez être votre mission, cherchez à l'améliorer. Empruntez le chemin de l'excellence qui vous aidera à vivre avec passion.

5. Les finances

Ce domaine est souvent très délicat. De nombreuses personnes cherchent à avoir toujours plus. C'est le domaine le moins satisfaisant. Le pire, c'est que la plupart des gens sont très peu honnêtes à ce sujet; personne ne veut vraiment l'aborder. On ne mentionne pas combien on gagne, combien on dépense, ni la somme de notre compte bancaire. Plusieurs n'ont jamais eu une conversation honnête avec leur partenaire à propos de leurs finances, de peur que cela n'entraîne des conflits. On fait tout pour éviter le sujet. Je vous demande d'être honnête : avez-vous négligé l'aspect financier de votre vie ? Êtes-vous compétent dans la gestion de vos finances ? Peut-être n'y avez-vous jamais accordé suffisamment d'attention, ou vivez-vous de paye en paye. Ce sujet est très complexe pour certains car ils identifient leur valeur en tant que personne en fonction de leur valeur financière. Vous ne devez pas penser de cette façon. Ne vous sentez pas mal à l'aise de posséder plus ou de posséder moins que les autres. Il faut simplement évaluer votre sentiment de joie par rapport à vos finances. Peu importe vos objectifs, je souhaite qu'un jour vous voudrez en apprendre davantage sur le sujet.

6. Les loisirs

En général, lorsque j'aborde ce domaine, les gens restent très surpris.
La plupart m'indiquent qu'ils ont des enfants, des responsabilités, un travail de fou, et qu'ils n'ont pas de temps à consacrer aux loisirs. Toutefois, je peux affirmer qu'après plusieurs années d'études en développement personnel, j'ai compris que les gens qui s'adonnent à des loisirs sont plus ancrés et engagés dans leur vie et dans tout ce qu'ils font car ils peuvent faire quelque chose qui n'est pas évalué selon leurs connaissances, comme le travail, ou associé à leurs finances. Ce n'est pas quelque chose qui représente une obligation. Il s'agit plutôt de quelque chose qui vous procure une grande joie. Peu importe vos loisirs, posez-vous la question à savoir combien de fois vous prenez du temps pour vous en vous y adonnant. Quant à moi, l'un de mes loisirs est le théâtre

7. La spiritualité

Le dernier domaine est celui de la spiritualité. Pour moi, il constitue le plus important. Il s'agit de votre essence, de vos croyances, ce qui est plus grand que vous. Pour certaines personnes, il s'agit de leur foi, de leur religion ou de la routine d'une pratique spécifique. Je crois que l'aspect spirituel est essentiel. En ce qui me concerne, c'est le plus enrichissant. J'y puise ma force pour me connecter à Dieu et trouver mes ressources. Peu importe la façon dont vous définissez votre vie spirituelle, vivez-la de façon profonde car elle vous permet de créer une raison d'être par rapport aux six autres domaines.

C. Évaluation

Évaluez votre niveau de satisfaction dans chacun de ces sept domaines de votre vie sur une échelle de 1 à 10 (1 = non, pas du tout; 10 = oui, beaucoup). Comme pour toute évaluation, l'objectif n'est pas instantané, complet ou parfait, mais constitue une bonne occasion d'autoréflexion globale de votre existence.

Par conséquent, n'insistez pas sur le libellé exact de ces descriptions. Il suffit de donner votre impression générale de la façon dont vous évaluez chaque catégorie sur la période des douze derniers mois. Ensuite, inscrivez les trois objectifs dans le domaine spécifique. Si vous indiquez un niveau de satisfaction de 5 ou moins, vous pourriez fixer des objectifs simples afin de commencer à entreprendre des petits pas rapides dans la bonne direction. Par ailleurs, lorsque votre pointage est plus fort, vos objectifs pourraient devenir plus importants, plus ambitieux et davantage audacieux. Vous pourrez ainsi accéder au prochain niveau.

1. La santé

Je sens que ma santé physique et émotionnelle (mon bien-être) est optimisée quotidiennement pour me faire sentir énergique, motivée et forte. Je dois utiliser mon endurance physique et mentale pour faire face aux défis et aux possibilités que m'offre la vie. Je prends régulièrement soin de moi dans le but de me sentir toujours mieux.

Évaluez-vous sur une échelle de 1 à 10

1 = non, pas du tout

10 = oui, beaucoup

1   2   3   4   5   6   7   8   9   10

Fixez-vous trois buts dans le domaine de la santé. Que pourriez-vous améliorer ? Bouger plus, manger sainement, dormir davantage ? Quelles nouvelles habitudes souhaitez-vous adopter ? Ces objectifs devraient constituer des défis. Soyez précis, honnête et ambitieux.

1)

2)

3)

2. La famille et les amis

Mon cercle social familial et amical immédiat m'apporte complicité, plaisir et énergie positive. Je cherche à m'entourer de gens positifs et je fais de mon mieux pour apporter une énergie positive et une réelle authenticité au sein de toutes mes relations.

Évaluez-vous sur une échelle de 1 à 10

1 = non, pas du tout

10 = oui, beaucoup

1   2   3   4   5   6   7   8   9   10

Indiquez trois buts relatifs au domaine de la famille et des amis. Que pourriez-vous accomplir pour améliorer les liens avec vos proches ? Faire preuve d'une meilleure écoute ? Leur consacrer plus de temps sans autre distraction ? Ces objectifs devraient vous fournir des occasions de défis. Soyez précis, honnête et ambitieux.

1)

2)

3)

3. L'amour

Je ressens une profonde confiance ainsi que de la reconnaissance, de l'appréciation et une connexion bienveillante avec mon partenaire amoureux. Je suis patient, respectueux et attentif à ses besoins. Si je n'ai pas de partenaire en ce moment, je sens que je vis ouvertement et avec amour, et que je suis profondément lié à d'autres personnes importantes pour moi. Je sens que je vis en fonction de mon cœur et le partage de mon énergie positive. J'offre compassion et amour aux gens qui m'entourent.

Évaluez-vous sur une échelle de 1 à 10

1 = non, pas du tout

10 = oui, beaucoup

1   2   3   4   5   6   7   8   9   10

Choisissez trois buts dans le domaine de l'amour. Engagez-vous à accomplir quelque chose de nouveau et d'exceptionnel. Songez à vivre une forme d'engagement amoureux renouvelé. Planifiez une date spécifique ou proposez à votre partenaire amoureux une expérience spontanée. Ces objectifs devraient vous mettre au défi. Soyez précis, honnête et ambitieux.

1)

2)

3)

4. La mission de vie

Je sens en moi une certaine clarté, je suis énergique et comblé par mon travail, l'art, des objectifs précis ou une contribution dédiée au monde. Je crois que mon travail ou mes efforts ajoutent une valeur réelle au monde et représentent le reflet réel de mes plus grands efforts et contributions. Je profite de la vie, et mon travail m'aide à acquérir de l'expérience.

Évaluez-vous sur une échelle de 1 à 10

1 = non, pas du tout

10 = oui, beaucoup

1   2   3   4   5   6   7   8   9   10

Identifiez trois buts dans le domaine de la mission de vie. Bien qu'ils ne puissent pas être aussi extrêmes que l'évolution de votre carrière, ils pourraient se concentrer sur les aspects de développement pour lesquels vous pourriez facilement vous perdre dans vos élans d'accomplissements. Vous visez des objectifs ambitieux dans le but d'obtenir quelque chose de spécifique.

1)

2)

3)

5. Les finances

Je me sens à l'aise et compétent lorsqu'il s'agit de mes finances, et je sens que je suis dans mon élément. Je suis en mesure de vivre le genre de vie auquel j'aspire, en plus de pouvoir planifier convenablement mon avenir. De plus, je peux soutenir ceux qui ont besoin d'aide.

Évaluez-vous sur une échelle de 1 à 10

1 = non, pas du tout

10 = oui, beaucoup

1   2   3   4   5   6   7   8   9   10

Déterminez trois buts dans le domaine des finances. Commencez à réfléchir attentivement à vos objectifs financiers. Où souhaitez-vous vous situer ? Soyez le plus précis et honnête possible.

1)

2)

3)

6. Les loisirs

Je m'adonne à un passe-temps qui me passionne et qui me permet de m'exprimer, dans lequel je me sens valorisé en dehors du contexte de mon travail et de ma carrière. Je consacre suffisamment de temps aux choses que j'apprécie dans ma vie.

Évaluez-vous sur une échelle de 1 à 10

1 = non, pas du tout

10 = oui, beaucoup

1   2   3   4   5   6   7   8   9   10

Songez à trois objectifs dans le domaine des loisirs. Comment vous y prendrez-vous pour prendre le temps de trouver des activités qui vous rendent dynamiques et qui vous apportent de la lumière ? Rappelez-vous de vous mettre au défi !

1)

2)

3)

7. La spiritualité

Je me sens connecté à l'instant présent et extrêmement vivant à travers mon esprit. Je suis en harmonie avec mes croyances et mes comportements. Ma foi et mes valeurs correspondent à mes actions au quotidien.

Évaluez-vous sur une échelle de 1 à 10

1 = non, pas du tout

10 = oui, beaucoup

1   2   3   4   5   6   7   8   9   10

Choisissez trois buts dans le domaine de la spiritualité. Comment pouvez- vous vous dédier à une pratique spirituelle qui est satisfaisante pour vous ? Comment approfondir ce à quoi vous vous sentez déjà connecté ? Cela peut s'avérer difficile. Soyez simplement honnête envers vous- même.

1)

2)

3)

Maintenant que vous vous êtes évalué dans les sept domaines de votre vie, examinez vos réponses.

Pour tous les aspects que vous avez évalué 5 ou moins, sélectionnez-en trois et choisissez de vous concentrer uniquement sur ces trois domaines. Même si vous avez évalué à 5 l'ensemble des domaines, optez pour les trois éléments sur lesquels vous souhaitez travailler dans le cadre de l'étape suivante.

Domaines de la vie sur lesquels je veux me concentrer :

1)

2)

3)

Maintenant, choisissez jusqu'à cinq objectifs que vous souhaitez mettre en évidence afin de travailler à leur amélioration et à leur évolution.

Objectifs à mettre en évidence :

1)

2)

3)

Trouvez-vous difficile de vous exprimer clairement, ou êtes-vous à l'aise dans votre peau dans les situations sociales ? Avez-vous déjà senti que vous ne saviez pas vraiment qui vous êtes ? Pourquoi, après tout ce temps, vous sentez-vous parfois incertain de votre façon d'agir, ou dubitatif à propos de ce qui vous rend extraordinaire ? Inconsciemment, peut-être des étiquettes ont-elles été le moteur de l'image que vous avez de vous-même : « Je ne suis pas assez bon. » « Je suis trop gros. » « Je suis pauvre. » « Je suis trop jeune ou trop vieux pour faire une différence. » Ne laissez pas ces croyances limitatives prendre le contrôle de votre vie. À partir de maintenant, il est grand temps de choisir consciemment votre identité.

D. Définir qui vous êtes réellement

J'ai dû ressentir beaucoup de culpabilité dans mon cœur parce que je voulais obtenir davantage de la vie. En grandissant, j'ai vu ma mère consacrer d'importants efforts afin d'éduquer ses six enfants. Elle travaillait à temps plein et avait souvent de nombreux projets à gérer. Je l'ai vue travailler tellement fort que je me demandais comment elle faisait pour y arriver. Elle a réussi à offrir une bonne éducation à six enfants extraordinaires. C'est ce que je crois, et j'espère qu'elle le pense aussi. J'ai longtemps entretenu cette croyance inconsciente me laissant penser que j'avais grandi dans une famille pauvre parce qu'on évoluait à travers des conflits. On semblait ne jamais en avoir assez. Quand je regardais comment vivaient mes amies, je me disais qu'elles avaient beaucoup plus que nous. Par conséquent, en grandissant, ma pensée inconsciente me disait : « Tu ne peux pas avoir ça. Ceux qui en ont plus sont différents de toi. Tu ne sais pas vraiment ce qu'ils font pour avoir tout ça car ces gens-là sont mauvais, alors que les personnes comme nous se battent pour obtenir ce qu'elles veulent. » Je me disais aussi :

« On est des battants, on va survivre. » Cette croyance était depuis longtemps ancrée en moi, et je n'avais jamais réalisé à quel point cela m'affectait, jusqu'au jour où ma famille était réunie pendant les grandes vacances. On se remémorait ces instants où on cherchait des pièces de monnaie dans les fentes des canapés juste après qu'on ait eu de la visite, dans l'espoir que les gens aient échappé des pièces en s'asseyant. Cela semblait drôle pour tout le monde, sauf pour moi. Je trouvais qu'il s'agissait d'une situation terrible. J'ai lancé : « Wow ! On était vraiment pauvres ! » Avec un sourire, ma mère a exprimé : « La pauvreté, ma fille, c'est dans la tête. » À partir de ce jour-là, ma vision de mon passé avait complètement changé; j'ai réalisé que le manque était vraiment dans la tête. Ma mère m'assurait que tout se déroule dans la joie, que le manque était comme un jeu pour elle. Elle disait : « On vit dans l'abondance pourvu qu'on sache ouvrir ses yeux pour la voir. »

Je suis passé de la pensée limitative « je n'ai pas assez » à la pensée d'abondance « j'ai plus que ce qu'il me faut ». Ce changement mental a été très important pour moi. Il m'a permis d'apprécier ce que j'avais et de désirer ce que je voulais grâce à une simple attitude mentale d'abondance.

On laisse parfois notre passé définir qui nous sommes et ce que nous méritons de retirer de la vie. Si on n'y prête pas attention, cela peut nous empêcher d'agir en tant que l'être que nous voulons véritablement voir évoluer en ce monde car nos croyances sont demeurées attachées à notre passé. Vous n'êtes ni votre âge, ni votre physique, ni votre poids, ni votre statut civil, ni même votre niveau d'éducation, et surtout pas votre passé. Vous n'êtes pas votre erreur, votre échec ni même votre succès. Vous êtes cette personne unique, authentique, importante. Vous êtes rempli d'amour et vous devez laisser briller votre lumière, et ce, peu importe ce que vous avez été ou ce que vous avez fait. Le moment est venu de vous réinventer en répondant à la vraie question : QUI SUIS-JE MAINTENANT ? Oubliez votre passé et posez-vous cette question. Vous pouvez également vous demander : « Si je veux vivre ma meilleure vie, être authentique et devenir la meilleure version de moi-même, comment devrais-je me définir ? De quelle façon penser par moi-même ?

Qu'est-ce qui vous retient ? Qu'est-ce qui vous empêche de révéler votre vraie nature ? Cette vraie personne est celle que le monde attend. Pour vous aider à éclaircir le tout, j'ai élaboré le tableau de la clarté.

LE TABLEAU DE LA CLARTÉ

Maintenant que vous avez examiné les sept principaux domaines de votre existence et avez choisi de vous concentrer sur certains objectifs, l'outil de la clarté vous aidera à identifier qui vous voulez véritablement être en tant que personne. Vous apprendrez à aller de l'avant d'une manière qui restera fidèle à vous-même.

Lisez et remplissez le tableau de la clarté ci-après. Les deux prochains chapitres vous guideront et vous aideront à explorer la façon dont vous vous percevez et vous exprimez dans le monde.

Dans le Livre des proverbes[3], un passage a inspiré plusieurs écrivains, politiciens, inventeurs, et bien d'autres : *For as he thicket in his heart, so is he*. En d'autres mots, cela signifie : « Nous devenons ce sur quoi nous nous concentrons et pratiquons de manière constante. »

Lorsque vous aurez terminé de remplir le tableau, prenez des notes dans votre agenda ou un carnet à proximité de votre espace de travail pour vous rappeler quotidiennement de ces éléments, et ce, de façon assidue.

[3] Le Livre des proverbes est contenu dans la Bible.

Je vous propose d'indiquer trois mots dans chacune des catégories. Vous pourriez programmer une alarme dans votre téléphone intelligent qui vous signalerait tous les jours les éléments importants. Mettez en place le système qui vous convient. Prenez l'habitude de relire ce que vous aurez inscrit. Cela vous aidera à savoir qui vous êtes vraiment et à vous indiquer la manière d'interagir avec les autres. Vous obtiendrez une vie comblée par le succès, l'intention et la plénitude.

SOI	INTERACTION	MARQUES DE SUCCÈS
Trois mots qui vont maintenant me définir. La meilleure version de qui je suis et ce que je vais utiliser pour guider ma vie personnelle, y compris mes pensées et actions, est… 1) La raison pour laquelle je choisis ce mot est qu'il est	Trois mots qui vont maintenant définir et guider la façon dont je vais aborder et traiter les personnes que je rencontre dans ma vie, y compris les proches et les étrangers, est… 1) La raison pour laquelle je choisis ce mot est	Trois mots qui vont maintenant me rappeler ce qui m'a procuré le plus de succès et qui m'en apportera davantage. est… 1) La raison pour laquelle je

important pour moi, est…	qu'il est important pour moi, est…	choisis ce mot est qu'il est important pour moi, est…

2) La raison pour laquelle je choisis ce mot et qu'il est important pour moi est ... 3) La raison pour laquelle je choisis ce mot et qu'il est important pour moi est ...	2) La raison pour laquelle je choisis ce mot et qu'il est important pour moi est ... 3) La raison pour laquelle je choisis ce mot et qu'il est important pour moi est ...	2) La raison pour laquelle je choisis ce mot et qu'il est important pour moi est ... 3) La raison pour laquelle je choisis ce mot et qu'il est important pour moi est ...

UNE CHOSE POUR LAQUELLE IL VAUT LA PEINE DE SE BATTRE

Ma grande MOTIVATION dans la vie en ce moment, une chose qui me porte et pour laquelle il vaut la peine de persister, quelque chose de plus grand que moi.

Je suis prêt à me battre pour :

_____

_____

Et la raison qui rend cela si important pour moi est :

_____

_____

MON EXEMPLE PERSONNEL

SOI	INTERACTION	MARQUES DE SUCCÈS
Trois mots qui vont maintenant me définir.	Trois mots qui vont maintenant définir et guider la façon dont	Trois mots qui vont maintenant me rappeler ce qui m'a

La meilleure version de qui je suis et ce que je vais utiliser pour guider ma vie personnelle, y compris mes pensées et actions.	je vais aborder et traiter les personnes que je rencontre dans ma vie, y compris les proches et les étrangers.	procuré le plus de succès et qui m'en apportera davantage.
1) Spirituel La raison pour laquelle je choisis ce mot et qu'il est important pour moi, est parce que ma foi guide ma vie. Quand je marche dans la foi, je ressens une paix qui me guide en tout temps.	1) Respect La raison pour laquelle je choisis ce mot et qu'il est important pour moi, est parce que tout le monde mérite d'être traité avec respect. Car on est tous égaux.	1) Concentration La raison pour laquelle je choisis ce mot et qu'il est important pour moi, est parce que lorsque je me concentre sur un but précis je finis toujours par l'accomplir malgré tous.

| 2) Positive | 2) Amour
La raison pour laquelle je choisis ce | 2) Persévérance
La raison pour laquelle |

La raison pour laquelle je choisis ce mot et qu'il est important pour moi, est qu'à chaque fois que je fais preuve d'enthousiasme, j'atteins mes objectifs et je m'amuse même quand je rencontre des difficultés. 3) Audacieuse La raison pour laquelle je choisis ce mot et qu'il est important pour moi, est parce que mon audace me permet de dépasser mes peurs.	mot et qu'il est important pour moi, est que je veux que les gens que je rencontre ressentent de l'amour. Un amour patient, rempli de bonté, jamais envieux ni orgueilleux. 3) Inspiration La raison pour laquelle je choisis ce mot et qu'il est important pour moi, est parce que j'aime inspirer les autres à être la meilleure version d'eux-mêmes.	je choisis ce mot et qu'il est important pour moi, est que je fais des erreurs, mais je persiste sans jamais abandonner car je crois en mes capacités. Je m'améliore au fur et à mesure que je consacre des efforts, et je finis par réussir. 3) Connaissance La raison pour laquelle je choisis ce mot et qu'il est important pour moi, est parce que "Mieux je sais, mieux je fais".

E. Les six thèmes d'identité

À présent, j'aimerais aborder le concept des thèmes d'identité. Nous avons tous une idée de qui nous sommes et de ce qui est important pour nous. Cependant, il est parfois difficile de se regarder et de prendre conscience de sa vie pour atteindre notre niveau supérieur.

La façon dont votre identité a été formée tout au long de votre vie peut affecter ce que vous croyez être possible pour vous. Il se trouve que les thèmes d'identité (la façon dont vous vous percevez) peuvent dominer la manière dont vous êtes capable et prêt à prendre des risques et à saisir de nouvelles opportunités.

Voici les six thèmes d'identité

1. Être digne

Pendant une longue période de temps, je ne me sentais pas digne de mériter la vie qui m'était offerte. J'avais l'impression que je ne méritais pas d'avoir une belle carrière en ressources humaines dans une entreprise de rêve. J'évoluais en entretenant un sentiment d'infériorité. En plus de croire que je ne méritais pas d'être là, je ne possédais pas de maîtrise, je n'avais pas étudié dans une université reconnue mondialement et, surtout, mon anglais n'était pas aussi bon que celui de mes collègues. Avez-vous déjà ressenti ce sentiment de ne pas mériter ce qui vous arrive ? Vous sentez-vous digne de recevoir de l'amour, de la joie et de l'abondance ?

De nombreuses personnes ne se sentent pas dignes de ce qu'elles ont. À une certaine période de ma vie, je ne me sentais pas digne d'obtenir mieux, donc je ne faisais rien pour améliorer mon sort. Parfois, je me sentais incompétente et j'avais l'impression de ne pas mériter mieux. Par conséquent, je ne cherchais pas à changer quelque chose. Si vous avez l'occasion de vous sentir digne et que ce moment n'est jamais arrivé, j'espère que cette possibilité s'offre à vous maintenant. J'honore le fait que vous lisiez ce guide; ce seul geste prouve que vous êtes digne. Si vous ne vous sentez pas digne des bonnes choses qu'offre la vie, vous ne vous positionnez pas pour que cela arrive. Sachez que lorsque vous réalisez que vous êtes digne, toutes les belles occasions se présentent à vous.

2. Être prêt

Il s'agit d'un état de préparation qui indique : « C'est le temps pour moi. Je suis prêt à prendre les mesures nécessaires pour parvenir à mon but, à tenter de nouvelles choses et à m'améliorer. » Vous êtes prêt à entamer cette nouvelle transition, celle qui améliorera véritablement votre existence.

3. Être capable

Vous sentez que vous détenez les compétences, connaissances, talents et capacités en vue d'essayer quelque chose de nouveau ou d'atteindre vos objectifs. Vous vous dites : « Je crois en ma capacité à comprendre les choses. Je peux le faire. »

4. Être ouvert

Une personne ouverte aime écouter les autres et tenter de nouvelles expériences. C'est une personne qui est ouverte à l'apprentissage, à de nouvelles possibilités et à une rétroaction. Ce type d'individu est capable d'embrasser l'inconnu et d'accueillir de nouvelles expériences.

Mon amie Aysha est la fille la plus ouverte que je connaissance. Elle ne dénigre rien sans avoir d'abord essayé. Elle est toujours prête à accueillir de nouvelles aventures et à recevoir tout cadeau offert par l'univers. Le conseil ultime d'Aysha pour devenir une personne ouverte : « *Dis oui plus souvent que non.* »

5. Être persistant

J'ai été émerveillée par l'histoire suivante. À l'époque de l'esclavage, une jeune fille dont la mère souffrait de la fièvre noire est allée voir son maître pour obtenir quelques pièces d'argent, suffisamment pour acheter les médicaments nécessaires afin de soigner sa mère.

- Ma mère souffre de la fièvre. J'ai besoin de deux pièces pour acheter des médicaments, demanda la fille à son maître.
- Dégage, petite insolente ! lança le maître.
- Ma mère souffre de la fièvre. J'ai besoin de deux pièces pour acheter des médicaments, répéta la jeune fille.
- Tu n'entends pas ce que je te dis : dégage, petite sotte ! Va-t-en !

    ordonna le maître.
- Ma mère souffre de la fièvre. J'ai besoin de deux pièces pour acheter des médicaments, prononça à nouveau la fille sur un ton plus sévère.
- Va-t-en d'ici ! Je n'ai rien à te donner. Pars ! Sinon, je vais te donner la fessée !
- Ma mère souffre de la fièvre noire. J'ai besoin de deux pièces pour acheter des médicaments, exprima la fille en empruntant cette fois une voix forte comme le tonnerre.

Perplexe, le maître sortit trois pièces de sa poche en tremblant. La fille prit les trois pièces. En sortant, elle se retourna en lui souriant. D'une voix aimable, elle dit : « Merci. »

L'essence de cette histoire nous permet de comprendre de ne pas facilement lâcher prise. Vous devez toujours lutter, peu importe la difficulté, l'incertitude, le chaos ou le rejet.

Je vous propose de vous répéter la phrase suivante : « *Je vais continuer de persister jusqu'à ce que je réalise mon rêve, même quand il sera difficile.* »

6. Être un modèle

Ce thème est le plus puissant lorsqu'on veut procéder à un vrai changement. Voici l'histoire de Vanessa. Depuis son adolescence, cette dernière a développé un trouble alimentaire appelé boulimie. Elle ne pouvait pas s'arrêter de manger. Son physique était en forme de poire ovale. Le haut de son corps était acceptable, mais ses hanches étaient si immenses qu'elle avait du mal à porter des vêtements. Jeune mariée de 28 ans, Vanessa a découvert qu'elle était enceinte. « C'est une fille ! » s'exclama le médecin. Ravie, Vanessa se connecta à sa fille et lui murmura : « Je serai la meilleure maman pour toi. » Un peu plus d'un an plus tard, Vanessa avait perdu 75 livres.

Lorsqu'on se considère comme un modèle, on ressent l'obligation de devenir meilleur, de se comporter différemment pour donner espoir à l'autre.

Vous considérez-vous comme un modèle pour vos enfants, vos voisins ou vos collègues, et pourquoi pas envers votre communauté, votre ville ou votre pays ? Comme Nelson Mandela, mère Teresa, Abraham Lincoln ou Malla Yousfi, vous pourriez aussi être un modèle pour le monde entier ! Ces personnes ont une chose en commun : elles ont compris que les gens portent attention à votre énergie et à vos actions; cela parle beaucoup plus que des paroles.

DEVOIRS

Maintenant que vous comprenez les thèmes d'identité et la manière dont ils affectent vos actions, nous allons mettre en place certaines habitudes que vous pouvez adopter dès aujourd'hui.

Dans l'espace ci-après, identifiez vos bonnes et vos mauvaises habitudes. Pour ce faire, référez-vous aux six derniers mois, et décrivez de quelle manière ces habitudes vous ont fait sentir et vous comporter. Ces habitudes constituent la façon d'améliorer votre identité et à devenir la personne que vous souhaitez être. Par exemple : la méditation, la journalisation, prendre des pauses, fumer, boire, trop manger, etc

VOS BONNES HABITUDES

Essayez de nommer cinq bonnes habitudes et citez la manière dont elles vous font sentir et vous comporter. Si vous continuez à entretenir ces habitudes, qui deviendrez-vous comme personne ? Par exemple : dormir huit heures par nuit – je me sens reposé, plus patient et davantage productif.

Inscrivez vos bonnes habitudes

1)

2)

3)

4)

5)

VOS MAUVAISES HABITUDES

Essayez de nommer cinq mauvaises habitudes et citez la manière dont elles vous font sentir et vous comporter. Si vous continuez à entretenir ces habitudes, qui deviendrez-vous comme personne ? Par exemple : dire toujours oui – je me sens dispersé et poussé dans trop de directions à la fois et j'éprouve des problèmes de concentration.

Inscrivez vos mauvaises habitudes

1)

2)

3)

4)

5)

HABITUDES AUTORISÉES

Quelles habitudes plus stimulantes pourriez-vous intégrer dans votre vie afin de vous aider à vous sentir bien ? Quelles mesures seraient susceptibles de vous aider à vous sentir plus digne, prêt, capable, ouvert, persistant et à vous sentir davantage comme un modèle ? Par exemple : apprendre à demander ce que je veux même quand cela est difficile – je me sens enthousiaste et capable de demander ce dont j'ai besoin et ce que je veux.

Pensez à trois habitudes d'autonomisation qu'il vous serait possible de mettre en œuvre sur une base quotidienne.

1)

2)

3)

CONCLUSION

Félicitations ! Vous avez réussi à passer à travers ce guide. Vous avez déployé des efforts exemplaires, et ce n'est que le début de votre nouvelle vie.

Nous avons abordé les principaux domaines de votre vie et vous avez identifié exactement où vous vous situez sur une échelle d'un à dix dans chacun de ces éléments. Vous vous êtes fixé des objectifs et savez exactement ce que vous voulez accomplir dans chaque secteur de votre vie.

Je vous encourage à revoir ces domaines et à chercher constamment de nouveaux objectifs à atteindre afin de maintenir votre motivation. Nous avons exploré le tableau de la clarté et j'espère que vous avez un petit carnet dédié à vous rappeler que vous êtes la meilleure version de vous- même. Lisez régulièrement les mots clés que vous avez répertoriés.

Par ailleurs, nous avons vu les thèmes d'identité et les habitudes positives à adopter dans votre vie en vue d'enclencher le processus de votre développement personnel. Vous connaissez maintenant les objectifs précis de la clarté à propos de qui vous êtes vraiment. Vous avez en main la clé vous permettant de devenir la meilleure version de vous- même.

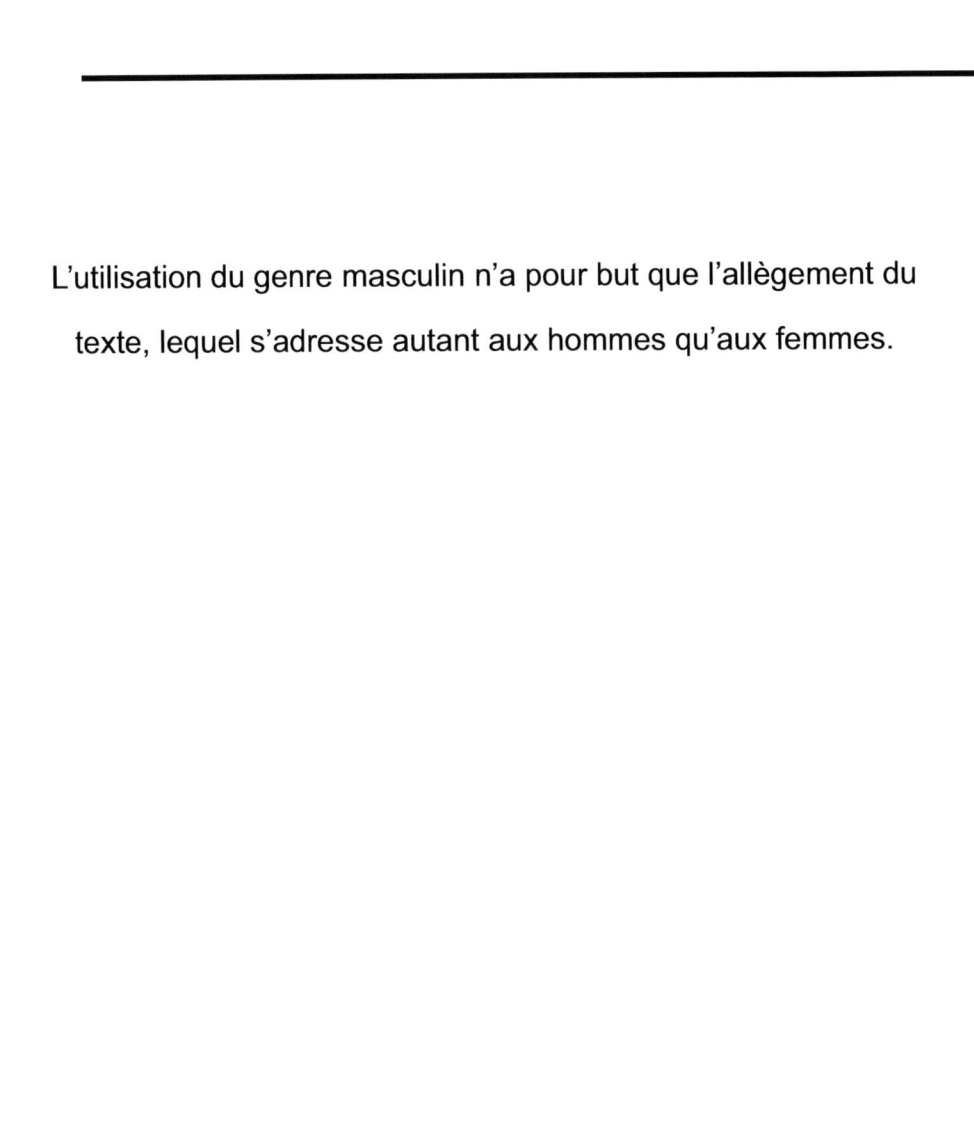

L'utilisation du genre masculin n'a pour but que l'allègement du texte, lequel s'adresse autant aux hommes qu'aux femmes.

« *C'est bien d'avoir inclus loisir et mission de vie… Je le trouve bien fait et je te dis bravo* ».- Marc Gervais, auteur et conférencier les plus recherchés au Québec.

Vous connaissez-vous suffisamment pour choisir un parcours de vie qui correspond à vos capacités et qui s'harmonise à vos attentes et objectifs ? À travers ce guide unique, découvrez qui vous êtes véritablement et identifiez les aspects sur lesquels vous devrez vous concentrer dans le but d'améliorer votre qualité de vie et devenir la meilleure version de vous-même.

Plan pour mettre fin à la dérive pour un nouveau départ audacieux

Debra Konmeni est auteur, conférencière, coach de carrière et stratège de vie. Elle inspire les femmes de tous les âges à découvrir leurs pouvoirs, leurs passions et leurs capacités de vivre la vie de leurs rêves.

Printed in Poland
by Amazon Fulfillment
Poland Sp. z o.o., Wrocław
07 August 2023

e062f22c-bebb-462c-98d2-c0c1cb80e8acR01